VINCENT DELIEU

QU'EST-CE QU'ELLE A DONC CETTE JOCONDE ?

ACTES SUD junior

LOUVRE éditions

SOMMAIRE

La Joconde au musée du Louvre

La Joconde, qu'on appelle aussi *Monna Lisa*, est la peinture la plus célèbre du monde. Chaque année, des millions de visiteurs se pressent pour la voir dans l'une des plus grandes salles du musée du Louvre. Son image et son nom sont reproduits, dans tous les continents, sur des tasses à café, des tee-shirts, dans des publicités, des films, sur internet, sur la devanture de restaurants ou de salons de beauté. Au coin d'une rue, en ouvrant un magazine, en allumant la télévision... où que l'on soit, quoi que l'on fasse, il est très difficile d'échapper au sourire de *La Joconde* !

Mais qu'est-ce qu'elle a donc, cette *Joconde*, pour tant fasciner les gens ?

Il paraît qu'elle cache un mystère...
Régulièrement, dans les journaux ou à la télévision, on annonce une nouvelle découverte qui révélerait enfin son secret et qui expliquerait son fameux sourire ou pourquoi son regard nous suit toujours.

Mais d'abord, c'est qui cette *Joconde* ?

1.

QUI EST LA JOCONDE ?

Léonard de Vinci, *La Joconde*, vers 1503-1519, Paris, musée du Louvre

LE CHEF-D'ŒUVRE DE LÉONARD DE VINCI

Léonard de Vinci, l'un des plus grands artistes de la Renaissance, est né en 1452 à Vinci, près de Florence.
C'est dans cette ville qui est alors la capitale des arts en Italie qu'il apprend à peindre et c'est là aussi, entre 1500 et 1503, qu'il décide de commencer un tableau qui deviendra vite très célèbre et que l'on appellera *La Joconde*.
Cette peinture représente une jeune femme assise dans la pièce d'un palais, grand ouvert sur un vaste paysage. Ce type de composition centré sur une personne est ce que l'on appelle un portrait.
Mais qui est cette jeune femme qui nous sourit ?

C'EST BIEN UNE FEMME !

Cela fait plus de cinq cents ans que Léonard a peint *La Joconde* et il n'en a malheureusement jamais parlé dans ses carnets de notes. Il a donc fallu faire une enquête pour retrouver le nom de cette dame. Aujourd'hui encore, tout le monde n'est pas d'accord… Certains disent même qu'il s'agit d'un homme !

Léonard de Vinci, *Autoportrait*,
vers 1513-1517, Turin, Bibliothèque royale

Pourtant à l'époque de Léonard, jamais on n'aurait représenté un homme habillé et coiffé comme une femme. Il ne faut donc surtout pas croire à cette histoire !
Et ne croyez donc pas non plus, comme on le dit parfois, que ce serait le portrait de l'un des élèves de Léonard, voire le sien propre. Léonard était d'une grande beauté mais le seul portrait

de lui que l'on connaisse le représente déjà âgé, à peu près au moment où il peint *La Joconde*.

Et on ne voit vraiment aucune ressemblance avec *Monna Lisa* ! La Joconde, et cela est absolument certain, est bel et bien une femme. Mais qui est-ce ?

MADAME JOCONDE

C'est grâce à un certain Giorgio Vasari, l'un des premiers historiens de l'art, que l'on peut comprendre le titre de *Joconde* donné au tableau. Vasari a écrit en 1550 un grand livre intitulé *Vies des plus célèbres peintres, sculpteurs et architectes*. Il y raconte la vie de Léonard de Vinci et toute l'histoire de *La Joconde*.

Voici son récit :

"Léonard se mit à faire, pour Francesco del Giocondo, le portrait de Monna Lisa sa femme ; et ayant peiné quatre ans à le faire il le laissa inachevé [...]. Monna Lisa étant très belle, il conviait tandis qu'il faisait son portrait des gens à jouer de la musique ou à chanter, et sans cesse des bouffons qui la maintenaient

Cesare Maccari, *Léonard de Vinci peignant la Joconde*, 1863, Sienne, Surintendance

joyeuse, pour éviter de cette façon la mélancolie que la peinture donne généralement aux portraits qui sont faits ; et dans celui de Léonard il y avait un sourire si agréable que c'était chose plus divine qu'humaine à voir, et elle était tenue pour une chose merveilleuse, sans différence d'avec la vie."

La Joconde représente en fait la femme de Francesco del Giocondo. Ce nom de famille a été mis au féminin, "Gioconda", puis a été traduit en français, "Joconde". *La Joconde* est donc tout simplement le portrait de Mme Joconde.

LA JOCONDE

C'est très probablement Léonard lui-même qui a commencé à appeler son tableau de cette façon. Il faut dire qu'en Italie, on peut désigner une femme sans dire "Madame" : pas besoin donc de dire "Madame Joconde", "la Joconde" suffit. On comprend que l'on désigne "la femme de Monsieur Jocond". En France, cela n'aurait pas été possible : c'est très impoli de désigner une femme de cette façon !

Avec le temps, on a continué à l'appeler ainsi. La preuve : un des meilleurs élèves de Léonard, dénommé Salaì, avait fait une copie de *Monna Lisa,* que l'on appelait aussi *"La Joconde"*. C'était en 1525, six ans après la mort de Léonard, et c'est la première fois qu'apparaît ce titre de *La Joconde*.

Cent ans plus tard, en 1625, un certain Cassiano dal Pozzo, grand amateur d'art italien, découvre le tableau de Léonard qu'il trouve magnifique, mais comme il ne connaît pas la femme représentée, il se contente de l'appeler "une certaine Joconde", sans comprendre qu'il s'agit de Lisa del Giocondo.

TU PEUX ARRÊTER DE M'APPELER MADAME ?

MONA
MONA
LISA
JANVIER

MONNA OU MONA ?

Aujourd'hui, on appelle toujours le tableau comme le faisait Léonard : *La Gioconda* en Italie et *La Joconde* en France. Mais en Angleterre ou aux États-Unis, on préfère l'appeler par son prénom : *Mona Lisa*. En France, si on veut aussi l'appeler de cette façon, il faut bien mettre deux "n" à Monna et non un seul comme le font les Anglais : *Monna Lisa*. Car "Monna" est en fait l'abréviation du mot italien "Madonna" qui signifie "Madame" et qui comporte bien deux "n". "Monna Lisa" veut donc dire en fait "Madame Lisa" ou, en version abrégée, "Dame Lisa". En plus, "Mona" avec un seul "n" peut être un gros mot en italien ! Deux bonnes raisons de l'écrire "Monna" !

LA VIE DE MONNA LISA

On a la chance de connaître un peu la vie de Monna Lisa. Elle est née à Florence le 15 juin 1479. Sa famille, les Gherardini, sont des seigneurs qui possèdent des terres en Toscane. Ses parents ne travaillent pas mais vivent de la location de ces propriétés. Le mariage de leur fille avec Francesco del Giocondo est pour eux une grande chance : il va leur apporter une certaine richesse. Car Francesco del Giocondo appartient à une riche famille bourgeoise qui vit du commerce de la soie. Lui est né à Florence le 19 mars 1465, il a donc quatorze ans de plus que Lisa.

Ils se marient en 1495. Lisa Gherardini est dès lors connue sous le nom de son mari et on l'appelle donc "Monna Lisa del Giocondo". Ils auront rapidement des enfants : Piero en 1496, puis Camilla en 1499, suivis d'Andrea en 1502, de Giocondo en

1507 et enfin Marietta. Ils vivent à Florence, via della Stuffa, une rue qui existe toujours aujourd'hui.

On n'en sait malheureusement guère plus sur elle. On dit cependant qu'elle était belle, peut-être parce qu'elle achetait des préparations à base de bave d'escargot… une crème de beauté ou alors un médicament ? À vrai dire, on l'ignore !
Après la mort de Francesco, en 1539, Lisa vivra auprès de sa fille, religieuse dans le couvent Sainte-Ursule, situé juste à côté de sa maison. C'est là qu'elle mourra le 15 juillet 1542 et qu'elle sera enterrée.

LE PORTRAIT DE LISA

Léonard commence le portrait de Lisa vers 1503.
On le sait grâce à un certain Agostino Vespucci, qui vit le tableau à peine commencé dans l'atelier de Léonard en octobre 1503, et le nota dans l'un de ses livres. Lisa est alors âgée de vingt-quatre ans.
À cette époque, les gens demandent très souvent aux artistes de faire leur portrait ou celui d'un membre de leur famille. La photographie n'existe pas encore, c'est donc la seule façon de garder le souvenir du visage d'une personne.
C'est sans doute Francesco del Giocondo qui demande à Léonard de peindre le portrait de son épouse. En 1503, celle-ci vient d'accoucher de son troisième enfant. La famille s'est agrandie et Francesco achète une nouvelle maison juste à côté de la sienne. C'est peut-être pour célébrer ce bonheur que Francesco veut faire réaliser le portrait de sa femme.
Il ne doit pas être facile d'avoir un portrait de Léonard, qui est déjà l'un des artistes les plus connus du monde ! Tous les grands princes de l'époque veulent un tableau de lui. La duchesse de Mantoue, Isabelle d'Este, lui demande elle aussi son portrait.
Mais Léonard préfère commencer celui de Monna Lisa. Pourquoi ? Sans doute parce qu'il connaît bien Francesco del Giocondo. Peut-être sont-ils des amis proches ?
Peut-être aussi que Léonard est fasciné par le visage ou la personnalité de Lisa…

LA JOCONDE JAMAIS TERMINÉE

Une fois terminé, le portrait devait naturellement être accroché dans la maison de Francesco et de Lisa. Mais Léonard peint très lentement… Il faut dire qu'il a bien d'autres occupations. Non seulement il voyage beaucoup, mais il s'est aussi lancé dans l'étude des mathématiques, de la géométrie, de l'anatomie ou encore du vol des oiseaux, parmi tant d'autres sujets qui l'intéressent.
Léonard a également commencé d'autres tableaux comme *La Sainte Anne* ou le *Saint Jean Baptiste*, qui se trouvent aujourd'hui au Louvre. Il faut donc imaginer qu'il travaille seulement de temps en temps à sa *Joconde*. Et c'est pourquoi il la gardera avec lui jusqu'à la fin de sa vie !

Léonard de Vinci, *Saint Jean Baptiste*, vers 1508-1519, Paris, musée du Louvre

Léonard de Vinci, *La Vierge à l'Enfant avec sainte Anne*, dit *La Sainte Anne*, vers 1503-1519, Paris, musée du Louvre

En 1506, il quitte Florence pour Milan, puis il partira pour Rome et gagnera finalement la France en 1516. Partout, il l'emporte avec lui jusqu'à sa dernière maison, le petit château de Cloux, près d'Amboise. C'est là, en 1517, que le cardinal d'Aragon, le petit-fils du roi de Naples, la voit, au cours d'une visite à Léonard avec toute sa suite.

Voici le récit de l'événement : "Dans l'un des bourgs d'Amboise, notre seigneur partit avec nous tous pour voir monsieur Léonard de Vinci florentin, vieillard âgé de plus de 70 ans, un très excellent peintre de notre époque, qui montra à notre illustre Seigneur trois tableaux. L'un d'une certaine dame florentine peinte au naturel à la demande de Julien de Médicis *[sic]*, l'autre d'un saint Jean Baptiste jeune, et un autre de la Vierge et l'Enfant assis sur sainte Anne, tous absolument parfaits."

UNE *JOCONDE* CONVOITÉE

Léonard montre au cardinal ses trois derniers chefs-d'œuvre : on reconnaît facilement *La Sainte Anne* et le *Saint Jean Baptiste* du Louvre, et il est certain que le troisième tableau est bien *La Joconde*. Mais, chose curieuse, Léonard dit qu'il l'a peinte pour Julien de Médicis et non pas pour Francesco del Giocondo !

Julien de Médicis a été le protecteur de Léonard de 1513 à 1516. Léonard a d'ailleurs vécu auprès de lui à Rome. Mais si *La Joconde* a été peinte pour Julien, alors ce ne peut pas être Lisa ! Voilà ce que disent certains, qui cherchent à reconnaître dans le tableau du Louvre une autre femme. Pour eux, ce pourrait être Isabella Gualanda, Pacifica Brandani ou encore Philiberte de Savoie, des femmes que connaissait Julien de Médicis.

Mais les choses sont en fait beaucoup plus simples : la Joconde est bien Lisa del Giocondo ! Les preuves : son surnom, les témoignages d'Agostino Vespucci et de Vasari. Tout concorde parfaitement ! En fait, comme Léonard peint très lentement, ses tableaux sont destinés, au fur et à mesure de sa vie, aux différentes personnes qui l'emploient. *La Joconde* a donc sans doute été d'abord commandée par Francesco del Giocondo. Puis, Julien de Médicis a naturellement voulu posséder cette magnifique peinture lorsque Léonard vivait auprès de lui. Mais finalement, ce sera le roi de France François Ier qui l'obtiendra, car Léonard meurt auprès de lui en 1519.

Jean-Auguste-Dominique Ingres, *François Ier reçoit les derniers soupirs de Léonard de Vinci*, 1818, Paris, Petit Palais – musée des Beaux-Arts de la Ville de Paris

LA JOCONDE INACHEVÉE

À sa mort, en 1519, Léonard n'a toujours pas terminé sa *Joconde* ! Si l'on regarde bien certains détails, en particulier dans la partie basse du paysage, de couleur brun-rouge, on comprend que l'artiste n'a fait là qu'esquisser les formes, qui restent très indéfinies, surtout dans la partie droite où l'on voit deux bandes de terre assez informes.

La Joconde, détail d'une zone inachevée

2.
LÉONARD AU TRAVAIL : LA CRÉATION DE *LA JOCONDE*

Léonard de Vinci est un grand inventeur. Il passe une bonne partie de son temps à concevoir toutes sortes de machines et à comprendre comment fonctionne le monde. Mais cela ne veut pas dire qu'il ne regarde pas ce que font les autres. Pour sa *Joconde*, il s'inspire d'ailleurs beaucoup de portraits d'autres peintres. Il copie même plusieurs de leurs idées en les améliorant et en y ajoutant sa touche personnelle.

LÉONARD COPIEUR !

À l'époque de Léonard, les portraits sont généralement très sobres, un peu comme les photographies d'identité actuelles où l'on ne doit ni bouger ni montrer d'expression, et surtout pas sourire !
Les portraits de profil sont particulièrement prisés.
Mais on commence aussi à apprécier une nouvelle mode venue du nord de l'Europe, plus précisément des Flandres. Les Flamands créent un type de portrait entre le profil et la face qu'on appelle le trois quarts. Léonard aime beaucoup cette invention car la position de trois quarts donne plus que toute autre une impression de mouvement et de vie. Et c'est donc cette option qu'il choisit pour sa *Joconde*.

Antonio del Pollaiolo, *Portrait d'une jeune femme de profil*, vers 1465, Berlin, Gemäldegalerie

C'est aussi aux peintres flamands qu'il emprunte l'idée de placer Monna Lisa dans une pièce fermée par un petit mur avec deux colonnes posées dessus, et au fond une ouverture sur un paysage. On retrouve cette composition dans le *Portrait de Benedetto Portinari* peint par le grand artiste flamand Hans Memling en 1487.

Hans Memling, *Portrait de Benedetto Portinari*, 1487,
Florence, Galerie des Offices

La position des mains de Monna Lisa n'est pas non plus une invention de Léonard : beaucoup de Flamands représentent leur modèle les mains jointes, posées au premier plan du tableau. Le peintre Rogier Van der Weyden le fait presque systématiquement dans ses portraits de femme.

Rogier Van der Weyden, *Portrait de femme*, vers 1445, Berlin, Gemäldegalerie

COMME UNE PORTE OUVERTE…

Mais Léonard ne se contente pas de copier !

Dans les tableaux des autres peintres, on ne comprend pas vraiment pourquoi les personnes se tiennent ainsi, alors que dans *La Joconde* tout est très naturel. C'est comme si l'on venait d'ouvrir une porte de la maison de Monna Lisa. On la découvre assise dans la loggia, sans doute en train d'admirer la vue sur les montagnes.

Comme elle nous a entendus entrer, elle se tourne vers nous. Sa main droite vient de se poser sur la gauche, son corps est placé de trois quarts et son visage presque de face.

Voilà pourquoi elle sourit : elle nous accueille en signe de bienvenue.

SON REGARD NOUS SUIT PARTOUT

Léonard cherche à rendre Lisa la plus vivante et réelle possible. C'est pourquoi il a choisi une planche de bois suffisamment importante pour la représenter grandeur nature. Et, comme on le verra plus en détail, il utilise une technique de peinture très minutieuse qui donne l'impression que l'expression du visage bouge légèrement, que la Joconde respire vraiment !

Cette impression de vie est si forte qu'on dit souvent que c'est le seul tableau où le regard du modèle peut nous suivre, où que l'on soit. Voilà pourquoi certains visiteurs se déplacent de gauche à droite devant le tableau pour vérifier que Monna Lisa les regarde toujours. Et c'est vrai, le regard nous suit. Mais en fait, ce n'est pas le seul tableau avec lequel cela se produit : quand un artiste représente bien un regard dirigé vers le spectateur, cela fait toujours cet effet. Il suffit d'observer d'autres tableaux dans la salle de *La Joconde* où des personnages nous regardent : vous constaterez que ce regard nous suit toujours aussi.

ON SE TIENT DROIT !

Léonard a donc voulu trouver une pose très naturelle pour Lisa, mais en même temps il s'est arrangé pour lui donner l'attitude digne des femmes de son temps. C'est comme lorsqu'on nous prend en photo : on essaye d'être naturel tout en se montrant à notre avantage. Et c'est ce que fait Lisa : elle n'est pas tranquillement adossée à son siège, mais se tient bien droite pour paraître grande.

Avec ses mains posées l'une sur l'autre, elle a l'air d'être calme, réservée et très douce. C'est comme cela qu'aimaient se faire représenter les femmes de la bourgeoisie florentine.

On retrouve par exemple la même pose au centre d'une fresque d'un artiste de l'époque, Domenico Ghirlandaio.

Domenico Ghirlandaio, *Naissance de saint Jean Baptiste*, vers 1485-1490, Florence, basilique Santa Maria Novella

SOURIEZ !

Lisa a donc l'attitude digne et réservée des femmes d'un bon niveau social, mais sans l'expression distante, voire hautaine, des portraits habituels de son temps, comme celui de Ghirlandaio.
Au contraire, Léonard lui demande de faire un beau sourire. Ce n'est pas un grand éclat de rire, mais plutôt le début d'un sourire. Regardez bien : ses lèvres se relèvent à peine et ses yeux ne se plissent que très légèrement.
Ce célèbre sourire a toujours fasciné les admirateurs de *La Joconde*. Il faut dire que le sourire est l'expression la plus complexe du visage humain. Un sourire peut tout dire… On sourit lorsqu'on est heureux, mais aussi quand on s'amuse d'une situation, ou encore quand on se moque de quelqu'un. On peut sourire aussi lorsqu'on veut entrer en contact avec quelqu'un. Comme on l'a déjà vu, Vasari raconte que Léonard faisait venir des musiciens, des chanteurs et des bouffons pour amuser Lisa et pour qu'elle ait toujours l'air souriante. On ignore si l'histoire est vraie, mais en tout cas, le sourire devait certainement mettre en valeur la beauté de son visage.
Nous aussi nous sourions lorsqu'on nous prend en photo !

TU SAIS PAS CE QUE C'EST D'ÊTRE AIMÉE POUR SON SOURIRE.

UNE CHAMBRE AVEC VUE

Derrière Lisa s'ouvre un vaste paysage. À droite, on voit un cours d'eau, traversé par un pont, qui suit son chemin jusqu'à parvenir à un lac au pied de grandes montagnes. À gauche, une route sinueuse se perd au milieu des reliefs, derrière lesquels se trouve un autre cours d'eau assez large qui coule également au pied de hautes montagnes.

Ce paysage a parfois étonné les gens. À première vue, il y a en effet quelque chose d'étrange : la ligne d'horizon n'est pas placée à la même hauteur de part et d'autre du visage. À droite elle est beaucoup plus haute qu'à gauche. Voilà qui n'est pas cohérent.

Comment Léonard, qui est un bon scientifique, a-t-il pu faire une telle erreur ? C'est impossible ; on a donc pensé qu'il l'avait fait exprès, peut-être pour indiquer un secret à chercher…
Mais regardons une copie de *La Joconde* qui se trouve au Prado et que nous analyserons plus loin*… Tout à gauche, on découvre la ligne du plan d'eau qui est dans la parfaite continuité du plan d'eau de droite. Et regardons à nouveau *La Joconde* du Louvre : on voit aussi à gauche le petit plan d'eau mais il est beaucoup moins visible à cause des vernis jaunes dont on parlera plus loin. Le paysage de *La Joconde* n'est donc pas du tout incohérent. La ligne d'horizon est bien au même niveau des deux côtés du visage. Léonard était passionné par les montagnes, qu'il représente très souvent dans le fond de ses tableaux. Et ici il imagine derrière Monna Lisa un magnifique décor de sommets et de grands lacs à la fois très impressionnants et un peu mystérieux.

* Voir page 45.

3.

LA JOCONDE AU MICROSCOPE

Pour comprendre encore mieux *La Joconde*, il faut connaître son état de santé.
Car elle a plus de cinq cents ans et, au cours de sa longue vie, elle a beaucoup changé.

LA JOCONDE N'EST PAS UNE TOILE !

Parlons d'abord de son "squelette", c'est-à-dire le support sur lequel le tableau a été peint. Trop souvent on entend dire que *La Joconde* est une toile de maître. Bien sûr, Léonard était un grand maître, mais le mot "toile" n'est pas juste. Il est vrai qu'aujourd'hui, une toile a tendance à désigner tout type de tableau, mais il vaut mieux être précis et dire que *La Joconde* est un bois. Car Léonard a choisi comme support pour sa peinture une très belle planche de peuplier, un type de bois assez souvent utilisé par les peintres en Italie.

LA JOCONDE EST GRANDE !

Autre idée reçue, *La Joconde* serait toute petite… C'est faux ! Bien sûr, dans la grande salle où elle est accrochée, entourée d'immenses tableaux comme *Les Noces de Cana* de Véronèse, elle peut sembler minuscule. Mais en réalité, au moment de sa création, c'est l'un des plus grands portraits de son temps. Léonard voulait un support suffisamment grand pour représenter Lisa à sa dimension réelle, alors que généralement les portraits peints étaient bien plus petits. Il a donc choisi une planche de bois de 79 centimètres de haut sur 53 de large. Il l'a également voulue

La Joconde, revers du tableau

particulièrement fine et très bien façonnée. Pour lui, qui était si perfectionniste, cela devait garantir une longue vie à son chef-d'œuvre.
Malheureusement, avec le temps, la belle planche de peuplier s'est un peu déformée : le bois, très sensible à l'humidité, s'est courbé, et même un peu fendu. Une terrible fissure part du haut du panneau et va jusque dans la chevelure de Lisa, mais s'arrête presque miraculeusement au niveau de son front. Pour stopper cette effrayante entaille qui pourrait couper en deux le visage de Lisa, des restaurateurs ont collé, au revers du tableau, de la toile et des petits morceaux de bois que l'on appelle des papillons en raison de leur forme.

Tous ces mouvements du bois, qui était pourtant maintenu dans un cadre, ont également créé un immense réseau de craquelures sur toute la peinture. Sur le visage, ces craquelures sont particulièrement visibles et donnent de curieuses rides à Monna Lisa.

Raphaël, *Portrait de jeune femme*, vers 1504-1506,
Paris, musée du Louvre

LA BARBE DE *MONNA LISA*

On lit parfois que *La Joconde* a été coupée sur les côtés. On avance l'argument d'une copie dessinée par un admirateur de Léonard, le jeune Raphaël, où l'on voit de plus larges colonnes de chaque côté. On connaît même plusieurs copies anciennes de *La Joconde* qui montrent ces mêmes grosses colonnes*. Pour autant *La Joconde* n'a jamais été coupée. La preuve, sa belle barbe ! Observez bien les bords du panneau de bois : ils ne sont pas peints. Car lorsque Léonard a commencé son

* Voir page 53.

tableau, il a mis autour de sa planche de bois un châssis (une sorte de cadre) qui lui permettait de manipuler l'œuvre sans mettre les doigts dessus. En posant la peinture, un amas de matière s'est formé contre le châssis, c'est ce qu'on appelle “la barbe” du tableau. Et la présence de cette barbe est la preuve que la peinture n'a pas été coupée. Raphaël et les autres copistes ont donc dû s'inspirer d'un autre modèle, peut-être le dessin préparatoire de Léonard dans lequel il avait donné plus de place à ces colonnettes.

MONNA LISA DANS LA FUMÉE

Avant de peindre, Léonard a sans doute fait un grand dessin de sa composition qui lui a servi à mettre en place les principales lignes du portrait sur la planche de bois. Parce que bien sûr, on ne peint pas directement sur le bois, qui a une surface trop irrégulière. Il faut poser d'abord ce qu'on appelle une couche de préparation qui permet d'avoir une surface bien lisse et qui accroche la peinture que l'on va mettre dessus. Une fois la préparation posée et les contours de *La Joconde* tracés au crayon, il a pu enfin commencer à peindre avec les couleurs.

Ces couleurs sont faites avec des pigments, c'est-à-dire de la matière colorée qui est broyée et mélangée avec un liant. Ces pigments sont bien connus et très utilisés à l'époque. Pour la peau de Lisa, il met du blanc de plomb teinté avec du vermillon pour obtenir du rose. Les ombres sont faites avec des terres. Quant au bleu du paysage, il est fait avec du lapis-lazuli, une pierre semi-précieuse qui coûtait très cher et qui est utilisée aujourd'hui pour les bijoux !

Léonard n'invente donc rien avec ces pigments. En revanche, là où il est génial, c'est dans sa façon de les utiliser. Il a recours à de l'huile comme liant, qui lui permet de peindre des couches très fines et très transparentes, ce qu'on appelle des glacis.

Et on ne voit aucun coup de pinceau ! Tout est réalisé d'une façon extrêmement subtile et minutieuse. Regardez les passages de l'ombre à la lumière dans le paysage et surtout dans le visage, autour des yeux et de la bouche : il n'y a aucune ligne...

Tout est extrêmement doux, comme si on voyait les choses à travers un léger voile de brume ou de fumée. C'est ce qu'on appelle le *sfumato*. C'est un mot italien qui veut dire "enfumé". Léonard peint *La Joconde* comme si on la voyait à travers une légère fumée. Grâce à cela rien n'est figé, au contraire la peinture semble vibrer !

C'est de cette façon, grâce au *sfumato*, qu'il arrive à faire vivre ce visage, à faire respirer Monna Lisa.

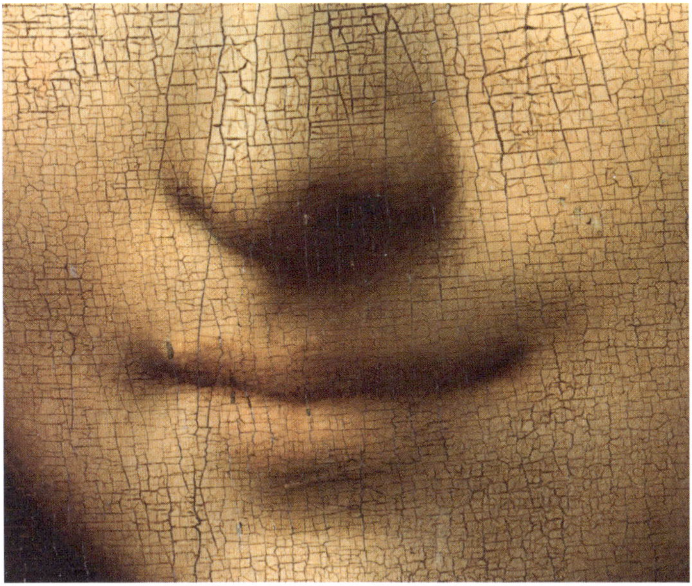

La Joconde, détail de la bouche

QU'ELLE EST VERNIE, CETTE *JOCONDE* !

Une fois la peinture terminée, on pose souvent une couche de vernis afin de la protéger. Mais Léonard n'a jamais terminé son tableau… qui a été verni après sa mort. Avec le temps, ce vernis a jauni et s'est sali. Alors, pour lui redonner un air propre, on a posé une nouvelle couche. Mais les années passant, ces couches de vernis sont devenues très épaisses et de plus en plus jaunes. Au-dessus de *La Joconde* se trouvent plusieurs couches de vieux vernis qui forment comme un filtre jaune épais qui transforme et éteint toutes les couleurs. C'est comme si on regardait le tableau avec des lunettes aux verres jaunes ! Les ombres sont plus sombres, les bleus deviennent verts et les blancs jaunes.

Voilà pourquoi *La Joconde* a un peu mauvaise mine et pourquoi le ciel semble pollué. Mais sous ces couches de vernis se trouvent des couleurs bien différentes : le visage et les mains ont des teintes blanches et roses, et le ciel et l'eau sont d'un bleu bien plus vif. Pour nous aider à mieux l'observer à travers ces vieux vernis, il a fallu lui faire passer des examens de laboratoire.

LA JOCONDE EN INFRAROUGE

Comme pour les êtres humains, on peut faire passer des examens en laboratoire aux œuvres d'art afin de mieux comprendre leur état de santé. On les prend donc en photographie sous des rayonnements particuliers (ultraviolet, infrarouge ou rayons X) pour voir ce qui se cache sous leur "peau". En radiographie, Monna Lisa semble disparaître ! Léonard l'a peinte avec si peu de matière que les

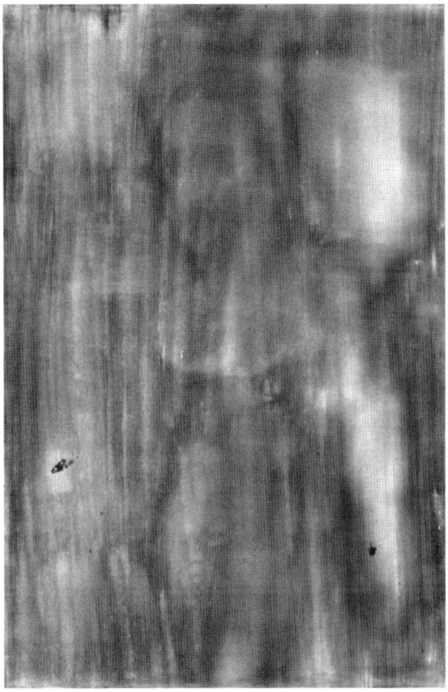

La Joconde, radiographie

La Joconde, réflectographie infrarouge

rayons X la traversent presque entièrement. En revanche son image infrarouge permet de la voir encore mieux qu'en vrai. Si on regarde tour à tour la photographie normale et l'infrarouge, on peut mieux comprendre la composition peinte par Léonard. On découvre que Monna Lisa est assise sur un siège dont le dossier est circulaire : on voit bien l'accoudoir et les balustres qui le soutiennent. C'est ce qu'on appelle en Italie un siège à *pozzetto*. Ce fauteuil est placé non pas face à nous, mais de côté, dans une pièce dont aperçoit le sol, légèrement éclairé et fermé au fond par une petite balustrade sur laquelle reposent les deux colonnettes.

Le vêtement de la Joconde est aussi beaucoup plus compréhensible en infrarouge car tous ses voiles retrouvent leur transparence.

Siège à *pozzetto*, XVIe siècle

Lisa porte une robe recouverte d'un grand voile de soie que l'on appelle un *guarnello*, fixé au niveau de la poitrine par des fils d'or brodés qui forment de beaux entrelacs géométriques. Ce voile est un peu remonté sur son coude droit et, de l'autre côté, elle l'a relevé sur son épaule gauche pour former une sorte d'écharpe et jouer ainsi les élégantes. Tous ces voiles transparents sont devenus plus sombres à cause des vernis et ont tendance à grossir Monna Lisa. Mais en fait, on voit bien qu'elle a une taille très fine, ce qui n'a rien d'étonnant car, vers 1503, elle est une jeune femme de vingt-quatre ans. On comprend aussi que les manches de son habit sont indépendantes : elles sont attachées à la robe au niveau de l'épaule et à cet endroit on voit d'ailleurs ressortir une belle chemise blanche que Lisa porte en dessous. Sur sa tête, elle a posé un voile très fin.

Ses cheveux ne sont pas complètement détachés comme on pourrait le croire. Seules quelques mèches sur le devant sont laissées libres sur les côtés du visage, mais tout le reste est maintenu à l'arrière par une coiffe dont on voit bien le dessin dans l'image infrarouge. À cause de cet aspect très sombre, on a parfois dit que Lisa était habillée très simplement, et peut-être même en costume de deuil… Mais en réalité, même si elle ne porte pas de bijou, son habit est très riche et sophistiqué, et beaucoup plus coloré qu'on ne le voit aujourd'hui. Cela n'est pas étonnant car Lisa est une femme assez riche et, surtout, l'épouse d'un marchand de soie. Voilà pourquoi elle s'habille avec tous ces voiles en soie !

La Joconde, détail des entrelacs brodés de la robe

UNE SŒUR JUMELLE

Tous ces détails du tableau se voient très bien aussi dans une copie de *La Joconde* conservée au musée du Prado, et récemment restaurée. On découvre Monna Lisa avec un habit légèrement vert, des manches rouge orangé et par-dessus le tout des voiles de soie transparente. Quant au paysage, il est dominé par les bleus.

Ce tableau a été peint par l'un des élèves de Léonard au moment même où il y travaillait. Mais l'élève a certainement terminé son tableau avant le maître, car il n'a pas copié certains détails que Léonard a ajoutés au dernier moment, par exemple le petit bout de l'accoudoir droit que l'on voit dans *La Joconde* du Prado mais que Léonard a finalement recouvert de voile dans son œuvre.

Élève de Léonard de Vinci, *La Joconde*, vers 1508-1516, Madrid, musée du Prado

4.

LES "MYSTÈRES" DE *LA JOCONDE*

On entend souvent dire que *Monna Lisa* cache un secret. Ce serait le mystère de *La Joconde*… Voilà pourquoi beaucoup de gens l'observent en tentant de comprendre pourquoi elle sourit ou en cherchant des formes et des messages qui seraient cachés dans la peinture.
Mais Léonard a-t-il vraiment caché un secret dans sa peinture ?

DES SIGNES CACHÉS DANS LE TABLEAU ?

Léonard de Vinci était passionné par la géométrie et les mathématiques. Lorsqu'on observe *La Joconde*, on se rend compte que la construction de sa composition est très bien organisée : il a placé l'œil gauche de Lisa au centre de la largeur du tableau ; de cette façon le visage se trouve naturellement au milieu. Il donne à celui-ci une forme ovale très régulière et harmonieuse, qui rappelle une construction géométrique.

La Joconde, détail du visage et du paysage à l'arrière-plan

Certains ont donc cherché à comprendre si Léonard n'avait pas caché un message à travers un assemblage de formes géométriques… mais ils n'ont jamais trouvé de réponse !
De la même façon, des chercheurs se sont intéressés à des détails du paysage, comme la route sinueuse à gauche ou le petit pont à droite, mais là encore, ils n'ont pas trouvé de message caché.
Souvent aussi, des gens ont affirmé avoir découvert des lettres, des formes ou des chiffres cachés dans la peinture… mais ils ont été en fait trompés par les craquelures de la peinture et les couches de vernis jaune qui créent des figures un peu étranges qui n'ont pas été voulues par Léonard.
À vrai dire, jamais personne n'a réussi à prouver qu'il y a une forme ou un message caché dans *La Joconde*…
Sans doute parce qu'il n'y en a pas !

MAIS POURQUOI SOURIT-ELLE ?

Voilà la question que l'on se pose souvent en la regardant… Comme on l'a déjà dit, peut-être tout simplement pour mettre en valeur sa beauté, comme on le fait nous aussi souvent lorsqu'on nous prend en photo. Mais peut-être sourit-elle parce qu'elle a vu quelque chose d'amusant qui lui fait plaisir ou la rend heureuse ?

Et l'on se demande bien quel événement ou qui peut la faire ainsi sourire. C'est comme si on surprenait Lisa dans un moment particulier de sa vie. On a l'impression qu'il se passe quelque chose… mais sans savoir exactement quoi !

LISA ENCEINTE ?

Certains disent que Lisa sourit car elle est enceinte. Il faut dire que le grand voile de soie qui recouvre sa robe, le *guarnello*, dont on a déjà parlé, est une tenue que l'on retrouve dans d'autres portraits de femmes de la Renaissance, et justement dans un portrait de Sandro Botticelli où la femme est enceinte. Ce *guarnello* serait-il le signe que Lisa l'est également ? Si tel était le cas, alors *La Joconde* aurait été commandée au début de l'année 1502, c'est-à-dire au moment où Lisa attend son petit Andrea, qui naîtra en décembre. Malheureusement, cette théorie n'est vraiment pas certaine… Autant Botticelli montre bien le gros ventre de la dame qu'il représente, autant Léonard le cache et même lui donne une apparence très mince.

Sandro Botticelli, *Portrait de femme*, 1470-1480, Londres, The Victoria and Albert Museum

MADAME HEUREUSE SOURIT TOUJOURS

Ce sourire est peut-être aussi un jeu de mots... "Giocondo", le nom de la famille, a un sens en italien, il signifie "heureux". Et comment mieux représenter l'épouse de Monsieur Heureux qu'avec un beau sourire ! Voilà sans doute pourquoi on l'a rapidement appelée "la Gioconda" : cela voulait dire bien sûr "la femme de Monsieur Heureux" mais aussi "la femme heureuse".

À CHACUN SA *JOCONDE*

Mais on a aussi l'impression que *La Joconde* cherche à nous dire quelque chose à travers ce sourire. Car ce sourire nous est adressé : c'est bien nous qu'elle regarde ! Bien sûr c'est un signe d'accueil, on a d'ailleurs l'impression qu'elle va bientôt nous parler : "Je vous en prie, entrez !"
Léonard a réussi à créer un portrait qui communique avec nous. Et c'est peut-être cela, le vrai secret de *La Joconde* : un tableau qui a la force de créer un lien, une émotion entre des personnes qui ont vécu à des siècles de distance. C'est bien ça, la magie et la poésie de la peinture et c'est pour cela que nous avons tant de plaisir à regarder les tableaux. En nous souriant, la Joconde nous pose bien des questions, mais sans nous donner les réponses. À nous de les imaginer et de rêver avec elle. À chacun d'imaginer le secret du sourire de Monna Lisa.

5.

LE TABLEAU LE PLUS CÉLÈBRE DU MONDE

Dès sa création, *La Joconde* a fasciné. Jamais on n'avait vu une peinture qui imitait si bien la réalité. Jamais on n'avait vu un portrait si vivant que le modèle semblait respirer ! *La Joconde* est tout de suite devenue un mythe. Souvenez-vous des mots utilisés par Vasari : "C'était une chose plus divine qu'humaine à voir, et elle était tenue pour une chose merveilleuse, sans différence d'avec la vie." Un peu plus tard, en 1625, c'est Cassiano dal Pozzo, dont nous avons déjà parlé, qui s'émerveille devant elle et déclare qu'il s'agit du "plus beau tableau du royaume" de France ! Sous Louis XIV, le chef-d'œuvre est conservé, au château de Versailles, dans l'appartement même du roi, signe qu'on le considérait toujours comme un des plus précieux trésors.

LES 1 001 COPIES DE *LA JOCONDE*

La Joconde est d'ailleurs beaucoup copiée à cette époque. Tous les amateurs de peinture veulent avoir leur propre *Joconde* à la maison. On connaît aujourd'hui près de cent cinquante copies anciennes du tableau du Louvre ! Et on continue encore à en faire... Mais aujourd'hui, les amateurs se contentent le plus souvent d'une affiche ou d'une carte postale. Depuis son entrée au musée du Louvre, en 1797, on lui a toujours donné une place de choix parmi les principaux chefs-d'œuvre de la peinture. Elle trône aujourd'hui dans la salle des États, qu'on appelle aussi la salle de la Joconde, l'une des plus grandes pièces du Louvre.

D'après Léonard de Vinci, *La Joconde*, XVIIe siècle,
Épinal, Musée départemental d'art ancien et contemporain

LE VOL DE *LA JOCONDE*

Mais c'est un événement incroyable qui a fait connaître *La Joconde* dans le monde entier. Le 21 août 1911, un certain Vincenzo Peruggia, qui travaille au Louvre en tant que peintre en bâtiment, décroche le tableau du mur, l'enlève de son cadre et le vole sans que personne ne le voie. Ce n'est que quelques heures après que les agents du musée s'en rendent compte… et c'est un scandale !

Septembre 1911, le vol de *La Joconde* au Louvre

Partout dans le monde on annonce la disparition du chef-d'œuvre. Sa photographie se retrouve dans tous les journaux de l'époque. Elle devient la peinture la plus recherchée au monde et aussi la plus célèbre. Il faudra attendre 1913 pour la retrouver. Vincenzo Peruggia l'avait emportée avec lui en Italie et il finit par la proposer à la célèbre Galerie des Offices à Florence. Quand les conservateurs des Offices découvrent qu'il s'agit de la vraie *Joconde*, ils le font arrêter et récupèrent le tableau qui revient triomphalement en France.

LE TABLEAU LE PLUS SÉCURISÉ AU MONDE

Depuis cette histoire, le musée du Louvre conserve sa *Joconde* comme un précieux trésor. Désormais, comme toutes les célébrités, elle vit sous haute surveillance. Au cours des deux guerres mondiales, elle a été évacuée dans des lieux sécurisés et secrets. Elle voyageait dans une caisse de luxe et on vérifiait régulièrement son état de santé.

Au musée, on a alors mis un verre à l'intérieur de son cadre pour la protéger des visiteurs qui l'approchent. Mais cela n'a pas suffi ! En 1956, un fou lui a lancé une grosse pierre qui a cassé le verre et abîmé le coude gauche de Monna Lisa : c'est la seule zone vraiment endommagée de la peinture.

Depuis 1974, elle est conservée dans une grande vitrine qui assure un excellent climat pour sa santé et, surtout, la protège des foules qui veulent la voir. En 2005, elle est installée toute seule sur une grande cimaise de la salle des États. Elle est désormais accrochée assez haut pour permettre à tous de l'apercevoir. Mais en même temps, on ne peut plus vraiment l'approcher ni l'admirer de près… Mais cette protection est indispensable !

Depuis sa nouvelle installation en 2005, elle a été attaquée plusieurs fois, notamment en 2009 lorsqu'une femme déséquilibrée a lancé une tasse à café sur le tableau… Cette fois, pas de problème pour *Monna Lisa* car sa vitrine est désormais très solide !

UN MODÈLE POUR LES ARTISTES

Après l'épisode rocambolesque du vol de *La Joconde*, les artistes commencent à s'amuser avec l'image de *Monna Lisa*. Marcel Duchamp lui met des moustaches, Fernand Léger la colle à côté d'un trousseau de clés et d'une boîte de sardines, Andy Warhol la démultiplie et Fernando Botero la fait grossir.

Marcel Duchamp, *LHOOQ*, 1919,
Paris, musée national d'Art moderne – Centre Georges-Pompidou

Fernand Léger, *La Joconde aux clefs*, 1930, Biot, musée Fernand-Léger

Andy Warhol, *Thirty Are Better Than One [Trente valent mieux qu'une]*, 1963, collection particulière

Fernando Botero, *Mona Lisa*, 1978, Bogota (Colombie), musée Botero

Yan Pei-Ming, *Les Funérailles de Monna Lisa* (partie centrale du polyptyque, huile sur toile), 2008, Abu Dhabi, Louvre Abu Dhabi

Plus récemment, le peintre chinois Yan Pei-Ming a peint une grande *Joconde* en noir et blanc qui la rend beaucoup plus triste... Et ce ne sont que quelques exemples parmi des centaines de réutilisations de l'image de *La Joconde* par des artistes.

L'IMAGE LA PLUS REPRODUITE AU MONDE

La Joconde apparaît aussi très souvent dans notre vie de tous les jours : dans des films, des bandes dessinées, des publicités, en couverture de livres, à la devanture de pizzerias...
Partout dans le monde, on utilise son image. Il faut dire qu'avec son regard et son sourire, elle est immédiatement reconnaissable et très sympathique. C'est d'ailleurs pour cela que beaucoup d'hommes politiques se font faire leur portrait dans la pose de *La Joconde*...

BONJOUR MONNA LISA !

La Joconde est si connue que certains pensent même qu'elle existe vraiment. Au Louvre, on reçoit de temps en temps du courrier pour elle : des gens lui souhaitent un joyeux anniversaire ou un bon Noël, et lui demandent aussi si elle est en bonne santé !

CRÉDITS

Crédits photographiques

Pour Adèle, Alice, Élise, Hector,
Louise, Oreste, Théophile et Thomas.

Éditions du musée du Louvre
Chef du service des Éditions : Violaine Bouvet-Lanselle
Suivi éditorial : Catherine Dupont et Camille Sourisse
Collecte de l'iconographie : Camille Sourisse
 – ISBN 978-2-35031-555-3

Éditions Actes Sud
Éditrice : Isabelle Péhourticq assistée de Fanny Gauvin
Directeur de la création : Kamy Pakdel
Directeur artistique : Guillaume Berga
 – ISBN 978-2-330-06892-9

Loi 49-956 du 16 juillet 1949 sur les publications destinées à la jeunesse.
Reproduit et achevé d'imprimer en octobre 2016 par l'imprimerie Pbtisk, en République tchèque
pour le compte des éditions ACTES SUD,
Le Méjan, Place Nina-Berberova, 13200 Arles.
Dépôt légal 1re édition : novembre 2016 - Imprimé en France